中华人民共和国贵金属纪念币图录

Album of Precious Metal Commemorative Coins of the People's Republic of China

捌

[2010—2011]

名誉主编：邵长年　张汉桥
主　　编：黄　毅　冯　建
编委会成员：王宝清　王　安　赵国民　戴　琴　薛伟业　[illegible]
殷献民　谷秀军　孙　岩　马　涛　王　卫　岳俊峰
邹智勇　李继业　李　钢　王元泉　陈雁琳　李　博

西南财经大学出版社
Southwestern University of Finance & Economics Press

目录

2011

2010

2010版熊猫金银纪念币

2010 Chinese Panda Gold and Silver Commemorative Coins

本套币正面图稿设计：孙奇龄
正面浮雕制作：岳俊峰
背面图稿设计：程 超
背面浮雕制作：余 敏

金币7枚 银币3枚 7 Gold Coins 3 Silver Coins

编码 Code	材质 Metal	质量 Quality	重量(盎司) Weight(oz)	直径(毫米) Dia.(mm)	面额(元) Face Value(yuan)	成色(%) Fineness(%)	最大发行量(枚) Max. Mintage	铸造单位 Minted by
2010-0101-Au-1oz#	金币	普制	1	32	500	99.9	300000	深圳
2010-0102-Au-1/2oz#	金币	普制	1/2	27	200	99.9	120000	深圳
2010-0103-Au-1/4oz#	金币	普制	1/4	22	100	99.9	120000	深圳
2010-0104-Au-1/10oz#	金币	普制	1/10	18	50	99.9	120000	深圳
2010-0105-Au-1/20oz#	金币	普制	1/20	14	20	99.9	120000	深圳
2010-0106-Au-1kg#	金币	精制	1公斤	90	10000	99.9	200	沈阳
2010-0107-Au-5oz#	金币	精制	5	60	2000	99.9	1000	沈阳
2010-0108-Ag-1kg#	银币	精制	1公斤	100	300	99.9	4000	沈阳
2010-0109-Ag-5oz#	银币	精制	5	70	50	99.9	10000	沈阳
2010-0110-Ag-1oz#	银币	普制	1	40	10	99.9	1500000	上海、深圳

共同正面
正面图案：北京天坛祈年殿

编码：2010-0101-Au-1oz#
背面图案：熊猫双嬉图

编码：2010-0102-Au-1/2oz#
背面图案：熊猫双嬉图

编码：2010-0103-Au-1/4oz#
背面图案：熊猫双嬉图

编码：2010-0104-Au-1/10oz#
背面图案：熊猫双嬉图

编码：2010-0105-Au-1/20oz#
背面图案：熊猫双嬉图

2010版熊猫金银纪念币

2010 Chinese Panda Gold and Silver Commemorative Coins

共同正面
正面图案：北京天坛祈年殿

编码：2010-0106-Au-1kg#
背面图案：熊猫双嬉图

编码：2010-0107-Au-5oz#
背面图案：熊猫双嬉图

共同正面
正面图案：北京天坛祈年殿

编码：2010-0108-Ag-1kg#
背面图案：熊猫双嬉图

编码：2010-0109-Ag-5oz#
背面图案：熊猫双嬉图

编码：2010-0110-Ag-1oz#
背面图案：熊猫双嬉图

中国农业银行股份有限公司上市熊猫加字金银纪念币

Panda Commemorative Gold and Silver Coins for the Listing of Agricultural Bank of China Co.,Ltd

正面图案：北京天坛祈年殿　　编码：2010-0701-Au-1/4oz#
背面图案：熊猫双嬉图

正面图案：北京天坛祈年殿　　编码：2010-0702-Ag-1oz#
背面图案：熊猫双嬉图

本套币正面图稿设计：孙奇龄
正面浮雕制作：岳俊峰
背面图稿设计：程　超
背面浮雕制作：余　敏

金币1枚　银币1枚　1 Gold Coin　1 Silver Coin

编码 Code	材质 Metal	质量 Quality	重量(盎司) Weight(oz)	直径(毫米) Dia.(mm)	面额(元) Face Value(yuan)	成色(%) Fineness(%)	最大发行量(枚) Max. Mintage	铸造单位 Minted by
2010-0701-Au-1/4oz#	金币	普制	1/4	22	100	99.9	60000	深圳
2010-0702-Ag-1oz#	银币	普制	1	40	10	99.9	70000	深圳

中国资本市场20周年熊猫加字银质纪念币

Panda Commemorative Silver Coin for the 20th Anniversary of China's Capital Market

正面图案：北京天坛祈年殿

编码：2010–1201–Ag–1oz#
背面图案：熊猫双嬉图

本套币正面图稿设计：孙奇龄
正面浮雕制作：岳俊峰
背面图稿设计：程　超
背面浮雕制作：余　敏

银币1枚　1 Silver Coin

编码 Code	材质 Metal	质量 Quality	重量(盎司) Weight(oz)	直径(毫米) Dia.(mm)	面额(元) Face Value(yuan)	成色(%) Fineness(%)	最大发行量(枚) Max. Mintage	铸造单位 Minted by
2010–1201–Ag–1oz#	银币	普制	1	40	10	99.9	40000	深圳

上海造币有限公司成立90周年熊猫加字金银纪念币

Panda Commemorative Gold and Silver Coins for the 90th Anniversary of Shanghai Mint

正面图案：北京天坛祈年殿

编码：2010－1301－Au－1／4oz＃
背面图案：熊猫双嬉图

本套币正面图稿设计：孙奇龄
正面浮雕制作：岳俊峰
背面图稿设计：程　超
背面浮雕制作：余　敏

金币1枚　银币1枚　1 Gold Coin　1 Silver Coin

编码 Code	材质 Metal	质量 Quality	重量(盎司) Weight(oz)	直径(毫米) Dia.(mm)	面额(元) Face Value(yuan)	成色(%) Fineness(%)	最大发行量(枚) Max. Mintage	铸造单位 Minted by
2010－1301－Au－1／4oz＃	金币	普制	1/4	22	100	99.9	5000	上海
2010－1302－Ag－1oz＃	银币	普制	1	40	10	99.9	20000	上海

正面图案：北京天坛祈年殿

编码：2010–1302–Ag–1oz#
背面图案：熊猫双嬉图

2010中国庚寅(虎)年金银纪念币

2010 Chinese Geng Yin Year (Year of the Tiger) Gold and Silver Commemorative Coins

金币8枚 银币7枚 8 Gold Coins 7 Silver Coins

编码 Code	材质 Metal	质量 Quality	重量(盎司) Weight(oz)	形制尺寸(毫米) Dimension(mm)	面额(元) Face Value(yuan)	成色(%) Fineness(%)	最大发行量(枚) Max. Mintage	铸造单位 Minted by
2010-0201-Au-10kg	金币	精制	10公斤	圆形直径180	100000	99.9	18	深圳
2010-0202-Au-1kg	金币	精制	1公斤	梅花形外接圆直径100	10000	99.9	118	深圳
2010-0203-Au-5oz	彩色金币	精制	5	圆形直径60	2000	99.9	1800	深圳
2010-0204-Au-5oz	金币	精制	5	长方形64×40	2000	99.9	118	深圳
2010-0205-Au-1/2oz	金币	精制	1/2	梅花形外接圆直径27	200	99.9	8000	深圳
2010-0206-Au-1/2oz	金币	普制	1/2	扇形外圆半径58,内圆半径39,圆心角30度	200	99.9	6600	深圳
2010-0207-Au-1/10oz	彩色金币	精制	1/10	圆形直径18	50	99.9	80000	上海
2010-0208-Au-1/10oz	金币	精制	1/10	圆形直径18	50	99.9	80000	深圳
2010-0209-Ag-1kg	银币	精制	1公斤	圆形直径100	300	99.9	3800	深圳
2010-0210-Ag-5oz	彩色银币	精制	5	圆形直径70	50	99.9	8800	深圳
2010-0211-Ag-5oz	银币	精制	5	长方形80×50	50	99.9	1888	深圳
2010-0212-Ag-1oz	彩色银币	精制	1	圆形直径40	10	99.9	100000	沈阳
2010-0213-Ag-1oz	银币	精制	1	梅花形外接圆直径40	10	99.9	60000	深圳
2010-0214-Ag-1oz	银币	普制	1	扇形外圆半径85,内圆半径60,圆心角30度	10	99.9	66000	深圳
2010-0215-Ag-1oz	银币	精制	1	圆形直径40	10	99.9	100000	深圳

正面图案:
中华人民共和国国徽及连年有余吉祥纹饰
设计: 张文静
浮雕制作: 集体

编码: 2010-0201-Au-10kg
背面图案: 卧虎图及装饰虎头
设计: 朱熙华 何云
浮雕制作: 宋飞

2010中国庚寅(虎)年金银纪念币

2010 Chinese Geng Yin Year (Year of the Tiger) Gold and Silver Commemorative Coins

正面图案:
中华人民共和国国徽及连年有余吉祥纹饰
设计: 张文静
浮雕制作: 集体

编码: 2010-0202-Au-1kg
背面图案: 卧虎图及装饰虎头
设计: 朱熙华 何云
浮雕制作: 宋飞

正面图案:
中华人民共和国国徽
及连年有余吉祥纹饰
设计:张文静
浮雕制作:集体

编码: 2010-0203-Au-5oz
背面图案:
中国民间传统装饰虎及吉祥花卉
设计:张文静 何忠
浮雕制作:邓姗姗

正面图案:
中华人民共和国国徽
及连年有余吉祥纹饰
设计:张文静
浮雕制作:集体

编码: 2010-0204-Au-5oz
背面图案:卧虎图及装饰虎头
设计:朱熙华 何云
浮雕制作:宋飞

2010中国庚寅(虎)年金银纪念币

2010 Chinese Geng Yin Year (Year of the Tiger) Gold and Silver Commemorative Coins

正面图案：中华人民共和国国徽
及连年有余吉祥纹饰
设计：张文静
浮雕制作：集体

编码：2010-0205-Au-1/2oz
背面图案：卧虎图及装饰虎头
设计：朱熙华 何云
浮雕制作：宋飞

正面图案：甘肃酒泉鼓楼
设计：曾成沪
浮雕制作：钟承辛

编码：2010-0206-Au-1/2oz
背面图案：卧虎图及装饰虎头
设计：朱熙华 何云
浮雕制作：宋飞

共同正面
正面图案：中华人民共和国国徽
及连年有余吉祥纹饰
设计：张文静
浮雕制作：集体

编码：2010—0207—Au—1/10oz
背面图案：中国民间传统装饰虎
及吉祥花卉
设计：张文静 何忠
浮雕制作：张春晔

编码：2010—0208—Ag—1/10oz
背面图案：卧虎图及装饰虎头
设计：朱熙华 何云
浮雕制作：宋飞

2010

2010中国庚寅(虎)年金银纪念币

2010 Chinese Geng Yin Year (Year of the Tiger) Gold and Silver Commemorative Coins

共同正面
正面图案：中华人民共和国国徽及连年有余吉祥纹饰
设计：张文静　浮雕制作：集体

编码：2010-0209-Ag-1kg
背面图案：卧虎图及装饰虎头
设计：朱熙华　何云　浮雕制作：宋飞

编码：2010-0210-Ag-5oz
背面图案：中国民间传统装饰虎及吉祥花卉
设计：张文静　何忠　浮雕制作：邓姗姗

正面图案：中华人民共和国国徽及连年有余吉祥纹饰
设计：张文静　浮雕制作：集体

编码：2010-0211-Ag-5oz
背面图案：卧虎图及装饰虎头
设计：朱熙华　何云　浮雕制作：宋飞

正面图案：中华人民共和国国徽
及连年有余吉祥纹饰
设计：张文静　浮雕制作：集体

编码：2010－0212－Ag－1oz
背面图案：中国民间传统装饰虎及吉祥花卉
设计：张文静 何忠　浮雕制作：邓姗姗

正面图案：中华人民共和国国徽
及连年有余吉祥纹饰
设计：张文静　浮雕制作：集体

编码：2010－0213－Ag－1oz
背面图案：卧虎图及装饰虎头
设计：朱熙华 何云　浮雕制作：宋飞

2010中国庚寅(虎)年金银纪念币

2010 Chinese Geng Yin Year (Year of the Tiger) Gold and Silver Commemorative Coins

正面图案：甘肃酒泉鼓楼
设计：曾成沪
浮雕制作：钟承辛

编码：2010–0214–Ag–1oz
背面图案：卧虎图及装饰虎头
设计：朱熙华 何云
浮雕制作：宋飞

正面图案：中华人民共和国国徽及连年有余吉祥纹饰
设计：张文静
浮雕制作：集体

编码：2010–0215–Ag–1oz
背面图案：卧虎图及装饰虎头
设计：朱熙华 何云
浮雕制作：宋飞

中国古典文学名著——《水浒传》彩色金银纪念币（第2组）

The Chinese Famous Classical Literature Works—*Outlaws of the Marsh* Colored Gold and Silver Commemorative Coins (2nd Set)

正面图案：中华人民共和国国徽
及中国传统纹样组合
设计：李继业　浮雕制作：马光华

编码：2010-0301-Au-5oz
背面图案：三打祝家庄
设计：张磊　浮雕制作：董慧珍

金币2枚　银币3枚　2 Gold Coins　3 Silver Coins

编码 Code	材质 Metal	质量 Quality	重量(盎司) Weight(oz)	形制尺寸(毫米) Dimension(mm)	面额(元) Face Value(yuan)	成色(%) Fineness(%)	最大发行量(枚) Max. Mintage	铸造单位 Minted by
2010-0301-Au-5oz	金币	精制	5	长方形 64×40	2000	99.9	900	上海
2010-0302-Au-1/3oz	金币	精制	1/3	圆形直径23	150	99.9	35000	深圳
2010-0303-Ag-5oz	银币	精制	5	长方形 80×50	50	99.9	12000	深圳
2010-0304-Ag-1oz	银币	精制	1	圆形直径40	10	99.9	70000	上海
2010-0305-Ag-1oz	银币	精制	1	圆形直径40	10	99.9	70000	深圳

中国古典文学名著——《水浒传》彩色金银纪念币（第2组）

The Chinese Famous Classical Literature Works—*Outlaws of the Marsh* Colored Gold and Silver Commemorative Coins (2nd Set)

正面图案：中华人民共和国国徽
及中国传统纹样组合
设计：李继业
浮雕制作：曾成沪

编码：2010-0302-Au-1/3oz
背面图案：卢俊义
设计：张磊
浮雕制作：魏雪飞

正面图案：中华人民共和国国徽
及中国传统纹样组合
设计：李继业
浮雕制作：马光华

编码：2010-0303-Ag-5oz
背面图案：公孙胜斗法破高廉
设计：张磊
浮雕制作：禹飞

共同正面
正面图案：中华人民共和国国徽
及中国传统纹样组合
设计：李继业　浮雕制作：马光华

编码：2010-0304-Ag-1oz
背面图案：杨志卖刀
设计：张磊　浮雕制作：黄喆

编码：2010-0305-Ag-1oz
背面图案：武松打虎
设计：张磊　浮雕制作：宋飞

中国2010年上海世界博览会金银纪念币（第2组）

The Official Commemorative Gold and Silver Coins for World EXPO 2010 Shanghai China (2nd Set)

共同正面
正面图案：中国2010年上海世界博览会会徽、地球图案
设计：赵樯 浮雕制作：禹飞

编码：2010-0401-Au-5oz
背面图案：
中国馆建筑造型
设计：王虎鸣 浮雕制作：钟承辛

编码：2010-0402-Au-1/3oz
背面图案：
中国馆建筑造型
设计：王虎鸣 浮雕制作：钟承辛

金币2枚 银币2枚 2 Gold Coins 2 Silver Coins

编码 Code	材质 Metal	质量 Quality	重量(盎司) Weight(oz)	直径(毫米) Dia.(mm)	面额(元) Face Value(yuan)	成色(%) Fineness(%)	最大发行量(枚) Max. Mintage	铸造单位 Minted by
2010-0401-Au-5oz	金币	精制	5	60	2000	99.9	1000	深圳
2010-0402-Au-1/3oz	金币	精制	1/3	23	150	99.9	60000	深圳
2010-0403-Ag-1oz	银币	精制	1	40	10	99.9	80000	沈阳
2010-0404-Ag-1oz	银币	精制	1	40	10	99.9	80000	上海

共同正面
正面图案：中国2010年上海世界博览会会徽、地球图案
设计：赵樯
浮雕制作：袁晨 常智 刘鸿鹏

编码：2010–0403–Ag–1oz
背面图案：人物剪影、盛开的鲜花和寓意科技发展元素的装饰图案
设计：全剑峰 鲁丹叶
浮雕制作：常欢 富丽莉

编码：2010–0404–Ag–1oz
背面图案：飞翔的鸽子、盛开的鲜花和寓意宇宙太空元素的装饰图案
设计：全剑峰 鲁丹叶
浮雕制作：王文栋

第16届亚洲运动会金银纪念币（第2组）

The Official Commemorative Gold and Silver Coins of the 16th Asian Games (2nd Set)

正面图案:
第16届亚洲运动会会徽
设计: 张长明
浮雕制作: 马光华

编码: 2010-0501-Au-1/4oz
背面图案:
广州亚运城综合体育馆、焰火
设计: 周剑
浮雕制作: 钟承辛

正面图案:
第16届亚洲运动会会徽
设计: 张长明
浮雕制作: 马光华

编码: 2010-0502-Ag-1oz
背面图案:
排球、足球、体操运动员造型
设计: 朱熙华
浮雕制作: 宋飞

金币1枚　银币1枚　1 Gold Coin　1 Silver Coin

编码 Code	材质 Metal	质量 Quality	重量(盎司) Weight(oz)	直径(毫米) Dia.(mm)	面额(元) Face Value(yuan)	成色(%) Fineness(%)	最大发行量(枚) Max. Mintage	铸造单位 Minted by
2010-0501-Au-1/4oz	金币	精制	1/4	22	100	99.9	30000	深圳
2010-0502-Ag-1oz	银币	精制	1	40	10	99.9	60000	深圳

世界遗产——武当山古建筑群金银纪念币

The Commemorative Gold and Silver Coins of World Heritage—Ancient Architectural Complex of Wudang Mountain

正面图案:
中华人民共和国国徽
设计: 侯继强
浮雕制作: 集体

编码: 2010-0601-Au-1/4oz
背面图案: 武当山太和宫金殿与云纹
设计: 宋飞
浮雕制作: 鲁丹叶

正面图案:
中华人民共和国国徽
设计: 侯继强
浮雕制作: 常智 刘鸿鹏

编码: 2010-0602-Ag-1oz
背面图案: 武当山古建筑群
设计: 王云野
浮雕制作: 廖博

金币1枚　银币1枚　1 Gold Coin　1 Silver Coin

编码 Code	材质 Metal	质量 Quality	重量(盎司) Weight(oz)	直径(毫米) Dia.(mm)	面额(元) Face Value(yuan)	成色(%) Fineness(%)	最大发行量(枚) Max. Mintage	铸造单位 Minted by
2010-0601-Au-1/4oz	金币	精制	1/4	22	100	99.9	30000	上海
2010-0602-Ag-1oz	银币	精制	1	40	10	99.9	60000	沈阳

深圳经济特区建立30周年金银纪念币

The Commemorative Gold and Silver Coins for the 30th Anniversary of the Founding of Shenzhen Special Economic Zone

正面图案：中华人民共和国国徽
及簕杜鹃花纹样
设计：姚有均
浮雕制作：禹飞

编码：2010-0801-Au-1/4oz
背面图案："拓荒牛"雕塑剪影
及建筑、光束、礼花
设计：广州东方红文化策划传播有限公司
浮雕制作：钟承辛

金币1枚　银币1枚　1 Gold Coin　1 Silver Coin

编码 Code	材质 Metal	质量 Quality	重量(盎司) Weight(oz)	直径(毫米) Dia.(mm)	面额(元) Face Value(yuan)	成色(%) Fineness(%)	最大发行量(枚) Max. Mintage	铸造单位 Minted by
2010-0801-Au-1/4oz	金币	精制	1/4	22	100	99.9	20000	深圳
2010-0802-Ag-1oz	银币	精制	1	40	10	99.9	30000	深圳

正面图案：中华人民共和国国徽
及簕杜鹃花纹样
设计：姚有均
浮雕制作：禹飞

编码：2010-0802-Ag-1oz
背面图案：人物头部剪影与抽象符号
的组合及"闯"雕塑
设计：蔡寅昰
浮雕制作：邓姗姗

中国石窟艺术（云冈）金银纪念币

Chinese Grottoes Art (Yungang) Gold and Silver Commemorative Coins

正面图案：云冈石窟外景
设计：富丽莉　浮雕制作：宋飞

编码：2010-0901-Au-1kg
背面图案：三世佛像
设计：周剑　浮雕制作：张江

金币3枚　银币2枚　3 Gold Coins　2 Silver Coins

编码 Code	材质 Metal	质量 Quality	重量(盎司) Weight(oz)	直径(毫米) Dia.(mm)	面额(元) Face Value(yuan)	成色(%) Fineness(%)	最大发行量(枚) Max. Mintage	铸造单位 Minted by
2010-0901-Au-1kg	金币	精制	1公斤	90	10000	99.9	100	深圳
2010-0902-Au-5oz	金币	精制	5	60	2000	99.9	800	深圳
2010-0903-Au-1/2oz	金币	精制	1/2	27	200	99.9	10000	深圳
2010-0904-Ag-1kg	银币	精制	1公斤	100	300	99.9	3800	沈阳
2010-0905-Ag-2oz	银币	精制	2	40	20	99.9	20000	深圳

共同正面
正面图案：云冈石窟外景
设计：富丽莉　浮雕制作：宋飞

编码：2010-0902-Au-5oz
背面图案：太子乘象回城图
设计：白牧　浮雕制作：常欢 富丽莉

编码：2010-0903-Au-1/2oz
背面图案：坐佛头像
设计：王玲　浮雕制作：宋飞

共同正面
正面图案：云冈石窟外景
设计：富丽莉　浮雕制作：宋飞

编码：2010-0904-Ag-1kg
背面图案：菩萨像与莲花纹
设计：余敏　浮雕制作：廖博

编码：2010-0905-Ag-2oz
背面图案：莲花与飞天图
设计：张长明　浮雕制作：魏雪飞

2010

中国京剧脸谱彩色金银纪念币（第1组）

Chinese Peking Opera Facial Mask Colored Commemorative Gold and Silver Coins (1st Set)

正面图案：中华人民共和国国徽
及海水江牙、祥云
设计：王虎鸣
浮雕制作：黄喆 胥瑜婷

编码：2010－1001－Au－1/4oz
背面图案："包拯"京剧脸谱
设计：王虎鸣
浮雕制作：刘鸿鹏 富丽莉 王刚

金币1枚 银币2枚 1 Gold Coin 2 Silver Coins

编码 Code	材质 Metal	质量 Quality	重量(盎司) Weight(oz)	直径(毫米) Dia.(mm)	面额(元) Face Value(yuan)	成色(%) Fineness(%)	最大发行量(枚) Max. Mintage	铸造单位 Minted by
2010－1001－Au－1/4oz	金币	精制	1/4	22	100	99.9	30000	上海
2010－1002－Ag－1oz	银币	精制	1	40	10	99.9	50000	沈阳
2010－1003－Ag－1oz	银币	精制	1	40	10	99.9	50000	沈阳

共同正面
正面图案：中华人民共和国国徽
及海水江牙、祥云
设计：王虎鸣
浮雕制作：黄喆 胥瑜婷

编码：2010—1002—Ag—1oz
背面图案："钟馗"京剧脸谱
设计：王虎鸣
浮雕制作：刘鸿鹏 富丽莉 王刚

编码：2010—1003—Ag—1oz
背面图案："典韦"京剧脸谱
设计：王虎鸣
浮雕制作：刘鸿鹏 富丽莉 王刚

2010北京国际邮票钱币博览会银质纪念币

2010 Beijing International Stamp and Coin Exposition Commemorative Silver Coin

正面图案：象征钱币的圆点和装饰线
与北京邮票钱币博览会会标
设计：朱熙华　雕刻：马光华

编码：2010–1101–Ag–1oz
背面图案：中国唐代方孔圆钱
与阿拉伯阿巴斯王朝钱币组合
设计：齐云兰　雕刻：谢欣锐

银币1枚　1 Silver Coin

编码 Code	材质 Metal	质量 Quality	重量(盎司) Weight(oz)	直径(毫米) Dia.(mm)	面额(元) Face Value(yuan)	成色(%) Fineness(%)	最大发行量(枚) Max. Mintage	铸造单位 Minted by
2010–1101–Ag–1oz	银币	精制	1	40	10	99.9	30000	上海

2011

2011版熊猫金银纪念币

2011 Chinese Panda Gold and Silver Commemorative Coins

本套币正面图稿设计：孙奇龄
正面浮雕制作：岳俊峰
背面图稿设计：赵 樯
背面浮雕制作：宋 飞

金币7枚 银币3枚 7 Gold Coins 3 Silver Coins

编码 Code	材质 Metal	质量 Quality	重量(盎司) Weight(oz)	直径(毫米) Dia.(mm)	面额(元) Face Value(yuan)	成色(%) Fineness(%)	最大发行量(枚) Max. Mintage	铸造单位 Minted by
2011-0101-Au-1oz#	金币	普制	1	32	500	99.9	500000	深圳、上海
2011-0102-Au-1/2oz#	金币	普制	1/2	27	200	99.9	600000	深圳、上海
2011-0103-Au-1/4oz#	金币	普制	1/4	22	100	99.9	600000	深圳、上海
2011-0104-Au-1/10oz#	金币	普制	1/10	18	50	99.9	600000	深圳、上海
2011-0105-Au-1/20oz#	金币	普制	1/20	14	20	99.9	600000	深圳、上海
2011-0106-Au-1kg#	金币	精制	1公斤	90	10000	99.9	300	沈阳
2011-0107-Au-5oz#	金币	精制	5	60	2000	99.9	2000	沈阳
2011-0108-Ag-1kg#	银币	精制	1公斤	100	300	99.9	8000	沈阳
2011-0109-Ag-5oz#	银币	精制	5	70	50	99.9	20000	沈阳
2011-0110-Ag-1oz#	银币	普制	1	40	10	99.9	6000000	深圳、沈阳、上海

共同正面
正面图案：北京天坛祈年殿

编码：2011-0101-Au-1oz#
背面图案：母子熊猫图

编码：2011-0102-Au-1/2oz#
背面图案：母子熊猫图

编码：2011-0103-Au-1/4oz#
背面图案：母子熊猫图

编码：2011-0104-Au-1/10oz#
背面图案：母子熊猫图

编码：2011-0105-Au-1/20oz#
背面图案：母子熊猫图

2011版熊猫金银纪念币

2011 Chinese Panda Gold and Silver Commemorative Coins

共同正面
正面图案：北京天坛祈年殿

编码：2011-0106-Au-1kg#
背面图案：母子熊猫图

编码：2011-0107-Au-5oz#
背面图案：母子熊猫图

共同正面
正面图案：北京天坛祈年殿

编码：2011-0108-Ag-1kg#
背面图案：母子熊猫图

编码：2011-0109-Ag-5oz#
背面图案：母子熊猫图

编码：2011-0110-Ag-1oz#
背面图案：母子熊猫图

新中国航空工业建立60周年熊猫加字金银纪念币

Panda Commemorative Gold and Silver Coins for the 60th Anniversary of Aviation Industry of P.R.China

正面图案：北京天坛祈年殿

编码：2011-0301-Au-1/4oz#
背面图案：母子熊猫图

本套币正面图稿设计：孙奇龄
正面浮雕制作：岳俊峰
背面图稿设计：赵　樯
背面浮雕制作：宋　飞

金币1枚　银币1枚　1 Gold Coin　1 Silver Coin

编码 Code	材质 Metal	质量 Quality	重量(盎司) Weight(oz)	直径(毫米) Dia.(mm)	面额(元) Face Value(yuan)	成色(%) Fineness(%)	最大发行量(枚) Max. Mintage	铸造单位 Minted by
2011-0301-Au-1/4oz#	金币	普制	1/4	22	100	99.9	5000	深圳
2011-0302-Ag-1oz#	银币	普制	1	40	10	99.9	20000	深圳

正面图案：北京天坛祈年殿

编码：2011－0302－Ag－1oz＃
背面图案：母子熊猫图

2011西安世界园艺博览会熊猫加字金银纪念币

Panda Commemorative Gold and Silver Coins for the International Horticultural Exposition 2011 Xi'an China

正面图案:
北京天坛祈年殿

编码: 2011-0501-Au-1/4oz#
背面图案: 母子熊猫图

正面图案:
北京天坛祈年殿

编码: 2011-0502-Ag-1oz#
背面图案: 母子熊猫图

本套币正面图稿设计: 孙奇龄
正面浮雕制作: 岳俊峰
背面图稿设计: 赵　檣
背面浮雕制作: 宋　飞

金币1枚　银币1枚　1 Gold Coin　1 Silver Coin

编码 Code	材质 Metal	质量 Quality	重量(盎司) Weight(oz)	直径(毫米) Dia.(mm)	面额(元) Face Value(yuan)	成色(%) Fineness(%)	最大发行量(枚) Max. Mintage	铸造单位 Minted by
2011-0501-Au-1/4oz#	金币	普制	1/4	22	100	99.9	3000	深圳
2011-0502-Ag-1oz#	银币	普制	1	40	10	99.9	20000	深圳

京沪高速铁路开通熊猫加字金银纪念币

Panda Commemorative Gold and Silver Coins for Beijing—Shanghai High Speed Rail Opening to Traffic

正面图案:
北京天坛祈年殿

编码: 2011-0701-Au-1/4oz#
背面图案: 母子熊猫图

正面图案:
北京天坛祈年殿

编码: 2011-0702-Ag-1oz#
背面图案: 母子熊猫图

本套币正面图稿设计: 孙奇龄
正面浮雕制作: 岳俊峰
背面图稿设计: 赵 樯
背面浮雕制作: 宋 飞

金币1枚 银币1枚 1 Gold Coin 1 Silver Coin

编码 Code	材质 Metal	质量 Quality	重量(盎司) Weight(oz)	直径(毫米) Dia.(mm)	面额(元) Face Value(yuan)	成色(%) Fineness(%)	最大发行量(枚) Max. Mintage	铸造单位 Minted by
2011-0701-Au-1/4oz#	金币	普制	1/4	22	100	99.9	10000	深圳
2011-0702-Ag-1oz#	银币	普制	1	40	10	99.9	30000	深圳

2011

中国金融工会全国委员会成立60周年熊猫加字纪念银币

The Panda Commemorative Silver Coin for the 60th Anniversary of the National Committee of the Chinese Financial Workers' Union

正面图案:
北京天坛祈年殿

编码: 2011-1101-Ag-1oz#
背面图案: 母子熊猫图

本套币正面图稿设计: 孙奇龄
正面浮雕制作: 岳俊峰
背面图稿设计: 赵 樯
背面浮雕制作: 宋 飞

银币1枚 1 Silver Coin

编码 Code	材质 Metal	质量 Quality	重量(盎司) Weight(oz)	直径(毫米) Dia.(mm)	面额(元) Face Value(yuan)	成色(%) Fineness(%)	最大发行量(枚) Max. Mintage	铸造单位 Minted by
2011-1101-Ag-1oz#	银币	普制	1	40	10	99.9	30000	深圳

上海黄金交易所成立10周年熊猫加字金银纪念币

Panda Commemorative Gold and Silver Coins for the 10th Anniversary of Shanghai Gold Exchange

正面图案:
北京天坛祈年殿

编码: 2011−1501−Au−1/4oz#
背面图案: 母子熊猫图

正面图案:
北京天坛祈年殿

编码: 2011−1502−Ag−1oz#
背面图案: 母子熊猫图

本套币正面图稿设计: 孙奇龄
正面浮雕制作: 岳俊峰
背面图稿设计: 赵 樯
背面浮雕制作: 宋 飞

金币1枚 银币1枚 1 Gold Coin 1 Silver Coin

编码 Code	材质 Metal	质量 Quality	重量(盎司) Weight(oz)	直径(毫米) Dia.(mm)	面额(元) Face Value(yuan)	成色(%) Fineness(%)	最大发行量(枚) Max. Mintage	铸造单位 Minted by
2011−1501−Au−1/4oz#	金币	普制	1/4	22	100	99.9	6000	深圳
2011−1502−Ag−1oz#	银币	普制	1	40	10	99.9	30000	深圳

厦门经济特区建设30周年熊猫加字金银纪念币

Panda Commemorative Gold and Silver Coins for the 30th Anniversary of Xiamen Special Economic Zone

正面图案：
北京天坛祈年殿

编码：2011-1701-Au-1/4oz#
背面图案：母子熊猫图

正面图案：
北京天坛祈年殿

编码：2011-1702-Ag-1oz#
背面图案：母子熊猫图

本套币正面图稿设计：孙奇龄
正面浮雕制作：岳俊峰
背面图稿设计：赵　樯
背面浮雕制作：宋　飞

金币1枚　银币1枚　1 Gold Coin　1 Silver Coin

编码 Code	材质 Metal	质量 Quality	重量(盎司) Weight(oz)	直径(毫米) Dia.(mm)	面额(元) Face Value(yuan)	成色(%) Fineness(%)	最大发行量(枚) Max. Mintage	铸造单位 Minted by
2011-1701-Au-1/4oz#	金币	普制	1/4	22	100	99.9	5000	深圳
2011-1702-Ag-1oz#	银币	普制	1	40	10	99.9	20000	深圳

新中国农村信用社成立60周年熊猫加字金银纪念币

Panda Commemorative Gold and Silver Coins for the 60th Anniversary of the Rural Credit Cooperatives of P.R.China

正面图案:
北京天坛祈年殿

编码: 2011−1801−Au−1/4oz#
背面图案: 母子熊猫图

正面图案:
北京天坛祈年殿

编码: 2011−1802−Ag−1oz#
背面图案: 母子熊猫图

本套币正面图稿设计: 孙奇龄
正面浮雕制作: 岳俊峰
背面图稿设计: 赵　樯
背面浮雕制作: 宋　飞

金币1枚　银币1枚　1 Gold Coin　1 Silver Coin

编码 Code	材质 Metal	质量 Quality	重量(盎司) Weight(oz)	直径(毫米) Dia.(mm)	面额(元) Face Value(yuan)	成色(%) Fineness(%)	最大发行量(枚) Max. Mintage	铸造单位 Minted by
2011−1801−Au−1/4oz#	金币	普制	1/4	22	100	99.9	25000	深圳
2011−1802−Ag−1oz#	银币	普制	1	40	10	99.9	60000	深圳

2011中国辛卯（兔）年金银纪念币

2011 Chinese Xin Mao Year (Year of the Rabbit) Gold and Silver Commemorative Coins

金币8枚 银币7枚 8 Gold Coins 7 Silver Coins

编码 Code	材质 Metal	质量 Quality	重量(盎司) Weight(oz)	形制尺寸(毫米) Dimension(mm)	面额(元) Face Value(yuan)	成色(%) Fineness(%)	最大发行量(枚) Max. Mintage	铸造单位 Minted by
2011-0101-Au-10kg	金币	精制	10公斤	圆形直径180	100000	99.9	18	深圳
2011-0102-Au-1kg	金币	精制	1公斤	梅花形外接圆直径100	10000	99.9	118	深圳
2011-0103-Au-5oz	彩色金币	精制	5	圆形直径60	2000	99.9	1800	上海
2011-0104-Au-5oz	金币	精制	5	长方形64×40	2000	99.9	118	上海
2011-0105-Au-1/2oz	金币	精制	1/2	梅花形外接圆直径27	200	99.9	8000	上海
2011-0106-Au-1/2oz	金币	普制	1/2	扇形外圆半径58,内圆半径39,圆心角30度	200	99.9	6600	深圳
2011-0107-Au-1/10oz	彩色金币	精制	1/10	圆形直径18	50	99.9	80000	上海
2011-0108-Au-1/10oz	金币	精制	1/10	圆形直径18	50	99.9	80000	沈阳
2011-0109-Ag-1kg	银币	精制	1公斤	圆形直径100	300	99.9	3800	沈阳
2011-0110-Ag-5oz	彩色银币	精制	5	圆形直径70	50	99.9	11800	上海
2011-0111-Ag-5oz	银币	精制	5	长方形80×50	50	99.9	1888	沈阳
2011-0112-Ag-1oz	彩色银币	精制	1	圆形直径40	10	99.9	220000	上海
2011-0113-Ag-1oz	银币	精制	1	梅花形外接圆直径40	10	99.9	60000	深圳
2011-0114-Ag-1oz	银币	普制	1	扇形外圆半径85,内圆半径60,圆心角30度	10	99.9	66000	沈阳
2011-0115-Ag-1oz	银币	精制	1	圆形直径40	10	99.9	180000	深圳

正面图案：中华人民共和国国徽
及连年有余吉祥纹饰
设计：张文静　浮雕制作：集体

编码：2011-0201-Au-10kg
背面图案：兔及装饰兔首
设计：朱熙华　浮雕制作：宋飞

2011中国辛卯（兔）年金银纪念币

2011 Chinese Xin Mao Year (Year of the Rabbit) Gold and Silver Commemorative Coins

正面图案：中华人民共和国国徽
及连年有余吉祥纹饰
设计：张文静
浮雕制作：集体

编码：2011-0202-Au-1kg
背面图案：兔及装饰兔首
设计：朱熙华
浮雕制作：宋飞

正面图案：中华人民共和国国徽
及连年有余吉祥纹饰
设计：张文静
浮雕制作：集体

编码：2011－0203－Au－5oz
背面图案：中国民间传统装饰兔
及吉祥花卉
设计：张文静 何忠
浮雕制作：张春晔

正面图案：中华人民共和国国徽
及连年有余吉祥纹饰
设计：张文静
浮雕制作：集体

编码：2011－0204－Au－5oz
背面图案：兔及装饰兔首
设计：朱熙华
浮雕制作：宋飞

2011中国辛卯（兔）年金银纪念币

2011 Chinese Xin Mao Year (Year of the Rabbit) Gold and Silver Commemorative Coins

正面图案：中华人民共和国国徽
及连年有余吉祥纹饰
设计：张文静
浮雕制作：集体

编码：2011–0205–Au–1/2oz
背面图案：兔及装饰兔首
设计：朱熙华
浮雕制作：宋飞

正面图案：甘肃嘉峪关
设计：曾成沪
浮雕制作：钟承辛

编码：2011–0206–Au–1/2oz
背面图案：兔及装饰兔首
设计：朱熙华
浮雕制作：宋飞

共同正面
正面图案：中华人民共和国国徽
及连年有余吉祥纹饰
设计：张文静　浮雕制作：集体

编码：2011-0207-Au-1/10oz
背面图案：中国民间传统装饰兔
及吉祥花卉
设计：张文静　何忠　浮雕制作：张春晔

编码：2011-0208-Au-1/10oz
背面图案：兔及装饰兔首
设计：朱熙华　浮雕制作：宋飞

共同正面
正面图案：中华人民共和国国徽
及连年有余吉祥纹饰
设计：张文静　浮雕制作：集体

编码：2011-0209-Ag-1kg
背面图案：兔及装饰兔首
设计：朱熙华　浮雕制作：宋飞

编码：2011-0210-Ag-5oz
背面图案：中国民间传统装饰兔
及吉祥花卉
设计：张文静　何忠　浮雕制作：张春晔

2011中国辛卯（兔）年金银纪念币

2011 Chinese Xin Mao Year (Year of the Rabbit) Gold and Silver Commemorative Coins

正面图案：中华人民共和国国徽
及连年有余吉祥纹饰
设计：张文静　浮雕制作：集体

编码：2011-0211-Ag-5oz
背面图案：兔及装饰兔首
设计：朱熙华　浮雕制作：宋飞

正面图案：中华人民共和国国徽
及连年有余吉祥纹饰
设计：张文静　浮雕制作：集体

编码：2011-0212-Ag-1oz
背面图案：中国民间传统装饰兔
及吉祥花卉
设计：张文静 何忠　浮雕制作：张春晔

正面图案：中华人民共和国国徽
及连年有余吉祥纹饰
设计：张文静 浮雕制作：集体

编码：2011-0213-Ag-1oz
背面图案：兔及装饰兔首
设计：朱熙华 浮雕制作：宋飞

正面图案：甘肃嘉峪关
设计：曾成沪 浮雕制作：钟承辛

编码：2011-0214-Ag-1oz
背面图案：兔及装饰兔首
设计：朱熙华 浮雕制作：宋飞

正面图案：中华人民共和国国徽
及连年有余吉祥纹饰
设计：张文静 浮雕制作：集体

编码：2011-0215-Ag-1oz
背面图案：兔及装饰兔首
设计：朱熙华 浮雕制作：宋飞

中国京剧脸谱彩色金银纪念币（第2组）

Chinese Peking Opera Facial Mask Colored Commemorative Gold and Silver Coins (2nd Set)

正面图案：中华人民共和国国徽
及海水江牙、祥云
设计：王虎鸣
浮雕制作：黄喆 胥瑜婷

编码：2011-0401-Au-1/4oz
背面图案："关羽"京剧脸谱
设计：王虎鸣
浮雕制作：费庆东

金币1枚 银币2枚 1 Gold Coin 2 Silver Coins

编码 Code	材质 Metal	质量 Quality	重量(盎司) Weight(oz)	直径(毫米) Dia.(mm)	面额(元) Face Value(yuan)	成色(%) Fineness(%)	最大发行量(枚) Max. Mintage	铸造单位 Minted by
2011-0401-Au-1/4oz	金币	精制	1/4	22	100	99.9	30000	深圳
2011-0402-Ag-1oz	银币	精制	1	40	10	99.9	50000	深圳
2011-0403-Ag-1oz	银币	精制	1	40	10	99.9	50000	深圳

共同正面
正面图案：中华人民共和国国徽
及海水江牙、祥云
设计：王虎鸣
浮雕制作：黄喆 胥瑜婷

编码：2011-0402-Ag-1oz
背面图案："鲁智深"京剧脸谱
设计：王虎鸣
浮雕制作：钟承辛

编码：2011-0403-Ag-1oz
背面图案："单雄信"京剧脸谱
设计：王虎鸣
浮雕制作：禹飞

2011

深圳第26届世界大学生夏季运动会金银纪念币

The Commemorative Gold and Silver Coins for the 26th Summer Universiade, Shenzhen

正面图案：深圳第26届
世界大学生夏季运动会会徽
设计：董慧珍
浮雕制作：马光华

编码：2011-0601-Au-1/4oz
背面图案：深圳第26届世界大学生
夏季运动会吉祥物及
跑道、光束、繁星等组合设计
设计：钟承辛 邓姗姗
浮雕制作：谢欣锐

正面图案：深圳第26届
世界大学生夏季运动会会徽
设计：董慧珍
浮雕制作：马光华

编码：2011-0602-Ag-1oz
背面图案：深圳第26届大学生
夏季运动会“大运中心”
及其水中倒影装饰设计
设计：黄喆
浮雕制作：邓姗姗

金币1枚 银币1枚 1 Gold Coin 1 Silver Coin

编码 Code	材质 Metal	质量 Quality	重量(盎司) Weight(oz)	直径(毫米) Dia.(mm)	面额(元) Face Value(yuan)	成色(%) Fineness(%)	最大发行量(枚) Max. Mintage	铸造单位 Minted by
2011-0601-Au-1/4oz	金币	精制	1/4	22	100	99.9	20000	上海
2011-0602-Ag-1oz	银币	精制	1	40	10	99.9	30000	深圳

世界自然基金会成立50周年金银纪念币

The Official Commemorative Gold and Silver Coins for the 50th Anniversary of the World Wide Fund for Nature(WWF)

正面图案:
中华人民共和国国徽
设计: 中国金币总公司提供
浮雕制作: 集体

编码: 2011-0801-Au-1/4oz
背面图案: 数字"50"装饰造型
与世界自然
基金会(WWF)标识、地球
设计: 广州东方红文化策划传播有限公司
浮雕制作: 费庆东

正面图案:
中华人民共和国国徽
设计: 中国金币总公司提供
浮雕制作: 集体

编码: 2011-0802-Ag-1oz
背面图案: 藏羚羊
及藏羚羊群、雪山装饰图形
设计: 朱熙华
浮雕制作: 邓姗姗

金币1枚 银币1枚 1 Gold Coin 1 Silver Coin

编码 Code	材质 Metal	质量 Quality	重量(盎司) Weight(oz)	直径(毫米) Dia.(mm)	面额(元) Face Value(yuan)	成色(%) Fineness(%)	最大发行量(枚) Max. Mintage	铸造单位 Minted by
2011-0801-Au-1/4oz	金币	精制	1/4	22	100	99.9	10000	深圳
2011-0802-Ag-1oz	银币	精制	1	40	10	99.9	30000	深圳

2011

清华大学建校100周年金银纪念币

The Official Commemorative Gold and Silver Coins for Tsinghua University Centenary Celebration

正面图案：中华人民共和国国徽
设计：中国金币总公司提供
浮雕制作：集体

编码：2011-0901-Au-1/4oz
背面图案：清华大学建校100周年校庆标识
设计：陶斯雯
浮雕制作：魏雪飞

金币1枚　银币1枚　1 Gold Coin　1 Silver Coin

编码 Code	材质 Metal	质量 Quality	重量(盎司) Weight(oz)	直径(毫米) Dia.(mm)	面额(元) Face Value(yuan)	成色(%) Fineness(%)	最大发行量(枚) Max. Mintage	铸造单位 Minted by
2011-0901-Au-1/4oz	金币	精制	1/4	22	100	99.9	20000	深圳
2011-0902-Ag-1oz	银币	精制	1	40	10	99.9	50000	深圳

正面图案：中华人民共和国国徽
设计：中国金币总公司提供
浮雕制作：集体

编码：2011-0902-Ag-1oz
背面图案：清华大门“二校门”
设计：陶斯雯
浮雕制作：禹飞

世界遗产——登封“天地之中”历史建筑群金银纪念币

The Official Commemorative Gold and Silver Coins of the Historical Monuments of Dengfeng in “the Centre of Heaven and Earth”

正面图案：中华人民共和国国徽
设计：中国金币总公司提供
浮雕制作：集体

编码：2011-1001-Au-1kg
背面图案：观星台、传统建筑斗拱
及方位图、观星台建筑装饰图案
设计：邱燕新
浮雕制作：费庆东

金币3枚 银币2枚 3 Gold Coins 2 Silver Coins

编码 Code	材质 Metal	质量 Quality	重量(盎司) Weight(oz)	直径(毫米) Dia.(mm)	面额(元) Face Value(yuan)	成色(%) Fineness(%)	最大发行量(枚) Max. Mintage	铸造单位 Minted by
2011-1001-Au-1kg	金币	精制	1公斤	90	10000	99.9	200	深圳
2011-1002-Au-5oz	金币	精制	5	60	2000	99.9	1000	深圳
2011-1003-Au-1/4oz	金币	精制	1/4	22	100	99.9	30000	深圳
2011-1004-Ag-1kg	银币	精制	1公斤	100	300	99.9	5000	深圳
2011-1005-Ag-1oz	银币	精制	1	40	10	99.9	60000	上海

共同正面
正面图案：中华人民共和国国徽
设计：中国金币总公司提供
浮雕制作：集体

编码：2011-1002-Au-5oz
背面图案：太室阙、传统建筑斗拱及方位图、太室阙画像石装饰图案
设计：邱燕新
浮雕制作：宋飞

编码：2011-1003-Au-1/4oz
背面图案：少林寺山门、传统建筑斗拱及方位图、少林寺建筑装饰图案
设计：邱燕新
浮雕制作：钟承辛

共同正面
正面图案：中华人民共和国国徽
设计：中国金币总公司提供
浮雕制作：集体

编码：2011-1004-Ag-1kg
背面图案：中岳庙天中阁、传统建筑斗拱及方位图、中岳庙建筑装饰图案
设计：邱燕新
浮雕制作：禹飞

编码：2011-1005-Ag-1oz
背面图案：嵩岳寺塔、传统建筑斗拱及方位图、嵩岳寺建筑装饰图案
设计：邱燕新
浮雕制作：董慧珍

西藏和平解放60周年金银纪念币

The Commemorative Gold and Silver Coins for the 60th Anniversary of the Peaceful Liberation of Tibet

正面图案:
中华人民共和国国徽
设计: 中国金币总公司提供
浮雕制作: 集体

编码: 2011-1201-Au-1/4oz
背面图案: 莲花、哈达、
及雪山、吉祥花草纹样
设计: 周剑
浮雕制作: 谢欣锐

正面图案:
中华人民共和国国徽
设计: 中国金币总公司提供
浮雕制作: 集体

编码: 2011-1202-Ag-1oz
背面图案:
藏族传统吉祥图 "八瑞相"
及哈达、祥云纹样
设计: 周剑
浮雕制作: 董慧珍

金币1枚 银币1枚 1 Gold Coin 1 Silver Coin

编码 Code	材质 Metal	质量 Quality	重量(盎司) Weight(oz)	直径(毫米) Dia.(mm)	面额(元) Face Value(yuan)	成色(%) Fineness(%)	最大发行量(枚) Max. Mintage	铸造单位 Minted by
2011-1201-Au-1/4oz	金币	精制	1/4	22	100	99.9	20000	上海
2011-1202-Ag-1oz	银币	精制	1	40	10	99.9	30000	上海

2011

辛亥革命100周年金银纪念币

The Commemorative Gold and Silver Coins for the 100th Anniversary of Xinhai Revolution

正面图案:
中华人民共和国国徽
设计: 中国金币总公司提供
浮雕制作: 集体

编码: 2011-1301-Au-1/4oz
背面图案: 孙中山头像
设计: 中国金币总公司提供
浮雕制作: 韩晓生

正面图案:
中华人民共和国国徽
设计: 中国金币总公司提供
浮雕制作: 集体

编码: 2011-1302-Ag-1oz
背面图案: “武昌起义”浮雕
设计: 陶峥
浮雕制作: 韩晓生

金币1枚 银币1枚 1 Gold Coin 1 Silver Coin

编码 Code	材质 Metal	质量 Quality	重量(盎司) Weight(oz)	直径(毫米) Dia.(mm)	面额(元) Face Value(yuan)	成色(%) Fineness(%)	最大发行量(枚) Max. Mintage	铸造单位 Minted by
2011-1301-Au-1/4oz	金币	精制	1/4	22	100	99.9	100000	沈阳
2011-1302-Ag-1oz	银币	精制	1	40	10	99.9	160000	沈阳

2011北京国际钱币博览会银质纪念币

2011 Beijing International Coin Exposition Commemorative Silver Coin

正面图案：象征钱币、地球的点线图案与2011北京国际钱币博览会会标的组合
设计：朱熙华
浮雕制作：禹飞

编码：2011－1401－Ag－1oz
背面图案：中国宋代方孔圆钱与拜占庭希拉克略王朝钱币的组合
设计：齐云兰
浮雕制作：蔡寅昱

银币1枚 1 Silver Coin

编码 Code	材质 Metal	质量 Quality	重量(盎司) Weight(oz)	直径(毫米) Dia.(mm)	面额(元) Face Value(yuan)	成色(%) Fineness(%)	最大发行量(枚) Max. Mintage	铸造单位 Minted by
2011－1401－Ag－1oz	银币	精制	1	40	10	99.9	30000	上海

中国古典文学名著——《水浒传》彩色金银纪念币（第3组）

The Chinese Famous Classical Literature Works —*Outlaws of the Marsh* Colored Gold and Silver Commemorative Coins (3rd Set)

E面图案：中华人民共和国国徽
及中国传统纹样
计：李继业　浮雕制作：马光华

编码：2011－1601－Au－1kg
背面图案：齐聚忠义堂
设计：宋鉴　浮雕制作：钟承辛

金币3枚　银币4枚　3 Gold Coins　4 Silver Coins

编码 Code	材质 Metal	质量 Quality	重量(盎司) Weight(oz)	形制尺寸(毫米) Dimension(mm)	面额(元) Face Value(yuan)	成色(%) Fineness(%)	最大发行量(枚) Max. Mintage	铸造单位 Minted by
2011－1601－Au－1kg	金币	精制	1公斤	圆形直径90	10000	99.9	200	深圳
2011－1602－Au－5oz	金币	精制	5	长方形64×40	2000	99.9	900	上海
2011－1603－Au－1/3oz	金币	精制	1/3	圆形直径23	150	99.9	35000	深圳
2011－1604－Ag－1kg	银币	精制	1公斤	圆形直径100	300	99.9	10000	深圳
2011－1605－Ag－5oz	银币	精制	5	长方形80×50	50	99.9	12000	上海
2011－1606－Ag－1oz	银币	精制	1	圆形直径40	10	99.9	70000	上海
2011－1607－Ag－1oz	银币	精制	1	圆形直径40	10	99.9	70000	沈阳

中国古典文学名著——《水浒传》彩色金银纪念币（第3组）

The Chinese Famous Classical Literature Works —*Outlaws of the Marsh* Colored Gold and Silver Commemorative Coins (3rd Set)

正面图案：中华人民共和国国徽
及中国传统纹样
设计：李继业
浮雕制作：马光华

编码：2011－1602－Au－5oz
背面图案：呼延灼月夜赚关胜
设计：张磊
浮雕制作：董慧珍

正面图案：中华人民共和国国徽
及中国传统纹样
设计：李继业
浮雕制作：曾成沪

编码：2011－1603－Au－1/3oz
背面图案：吴用
设计：张磊
浮雕制作：魏雪飞

正面图案：中华人民共和国国徽
及中国传统纹样
设计：李继业
浮雕制作：马光华

编码：2011-1604-Ag-1kg
背面图案：齐聚忠义堂
设计：宋鉴
浮雕制作：钟承辛

正面图案：中华人民共和国国徽
及中国传统纹样
设计：李继业
浮雕制作：马光华

编码：2011-1605-Ag-5oz
背面图案：燕青智扑擎天柱
设计：张磊
浮雕制作：鲁丹叶

中国古典文学名著——《水浒传》彩色金银纪念币（第3组）

The Chinese Famous Classical Literature Works —*Outlaws of the Marsh* Colored Gold and Silver Commemorative Coins (3rd Set)

共同正面
正面图案：中华人民共和国国徽
及中国传统纹样
设计：李继业
浮雕制作：马光华

编码：2011–1606–Ag–1oz
背面图案：小李广梁山射雁
设计：张磊
浮雕制作：上海造币有限公司

编码：2011–1607–Ag–1oz
背面图案：李逵探母
设计：张磊
浮雕制作：常欢 张文静

注：本册中，浮雕制作者有多处署名为“集体”，这是指非个人以及创作小组或一次性独立完成，或经过相互借鉴、多次修改等逐步完善的创作。

图书在版编目（CIP）数据

中华人民共和国贵金属纪念币图录．第8册，2010～2011 / 黄毅，冯建主编．—成都：西南财经大学出版社，2012.11

ISBN 978-7-5504-0862-3

Ⅰ．①中… Ⅱ．①黄… ②冯… Ⅲ．①纪念币—中国—图录 Ⅳ．①F822.2-64②J526.6

中国版本图书馆CIP数据核字（2012）第235606号

书　　名：**中华人民共和国贵金属纪念币图录**（第8册）
名誉主编：邵长年　张汉桥
主　　编：黄　毅　冯　建

总 监 制：冯　建
责任编辑：李特军
装帧设计：白少二
责任印制：封俊川

出版发行：西南财经大学出版社
网　　址：http://www.bookcj.com
邮政编码：610074
印　　制：深圳雅昌彩色印刷有限公司
印　　张：2.5
版　　次：2012年11月第1版
印　　数：1-20000册
定　　价：20.00元
地　　址：四川省成都市光华村街55号
电子邮件：bookcj@foxmail.com
电　　话：028-87353785　87352368
成品尺寸：170mm × 120mm
字　　数：30千字
印　　次：2012年11月第1次印刷
书　　号：ISBN 978-7-5504-0862-3